D1430857

le navigateur solitaire sur la mer des mots

Données de catalogage avant publication (Canada)

Beaucarne, Julos
Le navigateur solitaire sur la mer des mots
(Voix vives)
Poèmes et chansons
Comprend des réf. bibliogr.
ISBN 2-922417-16-6
I. Titre. II. Collection.

PQ2662.E1554N38 2000   841'914   C00-941653-6

Dépôts légaux :
Bibliothèque nationale du Québec
Bibliothèque nationale du Canada
Imprimé au Canada

DIFFUSION EN AMÉRIQUE DU NORD :
Somabec
B.P. 295, 2475, rue Sylva-Clapin
Saint-Hyacinthe (Québec) J2S 7B6
Téléphone : (450) 467-8565, 1 800 361-8118
http://www.somabec.qc.ca

DIFFUSION EUROPE :
D.E.Q.
30, rue Gay-Lussac
75005 Paris
Téléphone : 01.43.54.49.02
http://www.librairieduquebec.com

Directrice de la collection : Nane Couzier
Saisie : Lucie Savard
Conception graphique et mise en pages : Olivier Lasser

© Isabelle Quentin éditeur, 2000
http://iqe.qc.ca

ISBN : 2-922417-16-6
1 2 3 4 5 04 03 02 01 00

le navigateur solitaire sur la mer des mots

julos beaucarne

iQ *voix vives*

voix vives

L A COLLECTION *VOIX VIVES* SE PROPOSE DE DIFFUSER DES
TEXTES LITTÉRAIRES ÉCRITS POUR LA VOIX : POÉSIE,
CHANT PARLÉ, CHANSON, FABLE, CONTE, RÉCIT, MA-
NIFESTE, PIÈCE RADIOPHONIQUE, CORRESPONDANCE, EN-
TRETIEN, COLLECTIF D'AUTEURS ET AUTRES INCLASSABLES
DONT ON VOUDRA SE SOUVENIR À TRAVERS LEUR LECTURE.

TABLE

L'assurance-vie 9

Arrêt facultatif 10

Je n'aurai pas le temps de lire tous les poèmes 11

Les choses que j'ai à dire 13

Peut-on peindre la mer en son entier 15

Je t'offre un verre d'eau glacée 18

La figue et le paresseux 19

Brave marin 26

Périclès 28

Rape rape rape 31

Pimpanicaille 32

Le rap du Misanthrope 33

Ses yeux 35

J'étais allé mendiant 36

Je fis un feu 37

La révolution passera par le vélo 39

L'avion à pédales 40

Madame Coutufon 41

Vieux chasseur sobre 42

Pauvre petit papa 44

Ton Christ est juif 45

Quatorze 48

Elle est venue vers le palais 62

Le professeur et le sage 64

Le swami et ses trois disciples 65

La pensée 67

Le voyageur du non-temps 68

Chanson de la Fileuse 71

Le rasoir gyroscopique 74

Sur le bord du monde 75

C'est le premier jour 76

Je suis l'homme 77

Lorsque nous étions réunis à table 78

Joie de vivre 79

Le voyageur 80

ARRÊT FACULTATIF 81

   Le spectacle 85

   L'agenda de Julos 89

   Discographie 93

L'ASSURANCE-VIE

Si vous prenez une assurance-vie, vous êtes foutus parce que ça veut dire que vous avez des doutes sur votre longévité. Si vous avez des doutes sur votre longévité, c'est bien évident que vous ne vivrez pas longtemps, les compagnies d'assurance ont été créées uniquement pour semer le doute pour vous faire perdre confiance en vous. Si vous perdez confiance en vous, vous êtes foutus, vous faites un faux pas et ce faux pas peut vous être fatal. Suivez les conseils d'un véritable assureur-conseil, fuyez les assureurs et ne laissez rentrer dans votre maison que les assureurs qui vous assurent contre les assurances et soyez assurés de ma parfaite considération.

ARRÊT FACULTATIF

Un jour on a passé pour fou alors qu'on ne l'était pas du tout. Ah non ! Suffit qu'on rie un tout petit peu plus que le commun des mortels, on est pris directement pour des simperlots.

«O Tempora o mores usque tandem catilinam abutere patientia nostra». Mon Dieu, Seigneur oui !

Le monde il est pirandellin moi j'sais plus, j'sais plus très bien. J'suis un obsédé textuel c'est un fait faut le reconnaître. Les mots me traversent la tête c'est un peu comme des autobus et votre tête à vous, mes frères, c'est des arrêts facultatifs.

JE N'AURAI PAS LE TEMPS DE LIRE TOUS LES POÈMES DU MONDE

Je n'aurai pas le temps de lire
Tous les poèmes du monde,
Et j'ignorerai peut-être longtemps même
Les vers du poète papou Tumuc-Humac,
La voix du poète analphabète,
L'oral Siméon de Carinthie,
Et la voix du poète aveugle d'Afghanistan,
Oumaoul el Kebich,
J'ignorerai sans doute jusqu'à ton nom,
Poète du désert murmurant tout seul
Dans ta tente berbère
Quelque credo intérieur
En pensant à la femme que tu aimes.
Je ne connaîtrai sans doute jamais
La poétesse nègre d'Haïti,
Qui chante à son nouveau-né
La joie de l'enfanter.
Je ne connaîtrai pas Dulcianne,

Poétesse du fond d'Éthiopie,
Mirant son visage de princesse tutsi
Dans le miroir de quelque lac
De haute montagne,
Ni la prêtresse noire des hauteurs du Rwanda,
Égrenant devant le feu la vieille saga
Et la chanson que chantaient ceux
Qui n'avaient jamais été à Bujumbura,
Ni la voix de cette femme enterrée vivante
Au Burundi,
Tant de voix perdues comme ta voix
Enveloppée dans la fixité de la mort.

EXTRAIT DE *MON TERROIR C'EST LES GALAXIES*
ÉDITIONS LOUISE-HÉLÈNE FRANCE

LES CHOSES QUE J'AI À DIRE

Les choses que j'ai à dire sont écrites
Dans le livre de toutes les mémoires
Chacun de nous nous sommes une page
     du grand livre
Laissez-moi lire la page que vous êtes
J'ai beaucoup de choses à vous dire
Mais à mi-voix
Dans le no-man's land
Dans la lande déserte où naissent les murmures
Tout est écrit au fond de nous
Les rencontres et les séparances
Les nuages et les temps doux tout est écrit.
Moi mes chansons elles voyagent
Et s'en vont bien plus loin que moi
Elles connaissent tant de paysages
Pénètrent là où je n'entre pas
Elles font souvent des confidences
Que je n'entends qu'à demi-mot
Elles partent elles sont en vacances
Je les envie un peu ou trop.

Moi mes chansons ce n'est plus moi
Et c'est moi qui me reconnais
Ce sont des infantes en voyage
Qui de moi se ressouviendraient.

PEUT-ON PEINDRE LA MER EN SON ENTIER?

C'était dans un pays lointain, il y a longtemps, il y a mille ans peut-être davantage. Comment se fait-il que je m'en souvienne? Mon grand-père me l'a raconté qui le tenait lui-même de son grand-père, qui le tenait lui-même de son grand-père, qui le tenait lui-même de son grand-père. Il y a très longtemps donc un roi dut quitter à la hâte son pays, il eut juste le temps d'emporter sous son bras une peinture qui représentait son palais jouxtant la mer et les arbres et la végétation mais il était parti si vite que le peintre n'avait pas eu le temps de finir la peinture et la mer n'était pas peinte en son entier mais peut-on peindre la mer en son entier? En son exil le roi eut un fils. Lorsque l'enfant mangea dans ses trois ans et que ses yeux furent assez aiguisés pour distinguer le vert du bleu et l'orange du rouge, le roi son père prit l'habitude de lui montrer chaque jour la peinture afin que loin de son pays l'enfant garde en mémoire le palais jouxtant la mer et les arbres et la végétation, il lui expliquait : la mer n'est pas finie, si je rentre chez nous un jour, j'appellerai le peintre pour qu'il la termine pour qu'il peigne la mer en son entier. Il pensait à part soi : «Peut-on peindre la mer en son entier?»

Et le prince son fils était émerveillé des merveilleuses couleurs du magnifique palais jouxtant la mer et des arbres et de la végétation. Il se passa bien des années, le roi mourut comme cela arrive aux meilleurs, comme ça m'arrivera inévitablement, comme cela vous arrivera aussi sans doute... quoique! Et quelque temps plus tard le fils vint dans le pays de son père et il vit enfin en vraie vue le palais jouxtant la mer et les arbres et la végétation mais lorsqu'il vit en vraie vue ce qu'il n'avait jamais vu qu'en peinture, il fut profondément déçu, il fit chercher partout le peintre qui était très vieux et il lui dit : «Tu m'as par ta peinture totalement jeté dans l'erreur, ce que tu as peint jadis pour mon père est bien plus beau que la réalité et pour ce mensonge, pour cette illusion dans laquelle je suis resté pendant tant d'années à cause de toi, je veux te tuer mais avant cela je veux que tu finisses la peinture, je veux que tu peignes la mer en son entier». Il pensait à part soi : «Peut-on peindre la mer en son entier?» Le vieux peintre tremblant se fit apporter ses pinceaux et ses couleurs, il peignit le restant de la mer si bien, de façon si vraie que la mer qu'il avait peinte se mit à déborder de la peinture et à envahir la pièce du palais où se trouvaient le jeune prince et sa cour. Ensuite le vieux peintre dans l'eau jusqu'à la taille peignit une barque, un mât, une voile et devant le prince et la cour médusés, il embarqua, peignit un vent qui soufflait à tout rompre, hissa la voile et disparut à l'horizon de sa propre peinture.

D'APRÈS UN CONTE CHINOIS

JE T'OFFRE UN VERRE D'EAU GLACÉE

Je t'offre un verre d'eau glacée,
N'y touche pas distraitement,
Il est le fruit d'une pensée
Sans ornement.

Tous les plaisirs de l'amitié,
Combien cette eau me désaltère.
Je t'en propose une moitié,
La plus légère.

Regarde je suis pur et vide,
Comme le verre où tu as bu,
Il ne fait pas d'être limpide
Une vertu.

Plus d'eau mais la lumière sage
Donne à mon présent tout son prix
Tel un poète où Dieu s'engage
Et reste pris.

ODILON-JEAN PÉRIER
ÉDITIONS J. ANTOINE

LA FIGUE ET
LE PARESSEUX

Dans l'indolente et voluptueuse petite ville de Blidah, quelques années avant l'invasion des Français, vivait un brave Maure qui, du nom de son père, s'appelait Sidi Lakdar et que les gens de sa ville avaient surnommé le paresseux.

Vous saurez que les Maures d'Algérie sont les hommes les plus indolents de la Terre, ceux de Blidah surtout ! Sans doute à cause des parfums d'oranges et de limons doux dont la ville est noyée. Mais en fait de paresse et de nonchaloir, entre tous les Blidiens, pas un ne venait à la ceinture de Sidi Lakdat. Le digne seigneur avait élevé son vice à la hauteur d'une profession. D'autres sont brodeurs, cafetiers, marchands d'épices. Sidi Lakdar, lui, était paresseux.

À la mort de son père, il avait hérité d'un jardinet sous les remparts de la ville, avec de petits murs blancs qui tombaient en ruines, une porte embroussaillée qui ne fermait pas, quelques figuiers, quelques bananiers et deux ou trois sources vives luisant dans l'herbe. C'est là qu'il passait sa vie, étendu de tout son long, silencieux, immobile, des fourmis rouges plein sa barbe. Quand il avait faim, il allongeait le bras et ramassait une figue ou une banane écrasée dans le gazon près de lui ; mais s'il eût fallu se lever et cueillir un fruit sur sa branche, il serait plutôt mort de faim. Aussi, dans son jardin, les figues pourrissaient sur place, et les arbres étaient criblés de petits oiseaux. Cette paresse effrénée avait rendu Lakdar très populaire dans son pays. On le respectait à l'égal d'un saint. En passant devant son petit clos, les dames de la ville qui venaient de manger des confitures au cimetière, mettaient leurs mules au pas et se parlaient à voix basse sous leurs masques blancs. Les hommes s'inclinaient pieusement, et, tous les jours, à la sortie de l'école, il y avait sur les murailles du jardin toute une volée de gamins en vestons de soie rayée et bonnets rouges, qui venaient essayer de déranger cette belle paresse, appelaient Lakdar par son nom, riaient, menaient du train, lui jetaient des peaux d'oranges. Peine perdue ! Le paresseux ne bougeait pas. De temps en temps on l'entendait crier du fond de l'herbe :

– Gare, gare tout à l'heure, si je me lève !

Mais il ne se levait jamais.

Or, il arriva qu'un de ces petits drôles, en venant comme cela faire des niches au paresseux, fut en quelque sorte touché par la grâce, et, pris d'un goût subit pour l'existence horizontale, déclara un matin à son père qu'il entendait ne plus aller à l'école et qu'il voulait se faire paresseux.

— Paresseux, toi, fit le père (un brave tourneur de tuyaux de pipes, diligent comme une abeille et assis devant son tour dès que le coq chantait) toi, paresseux ? En voilà une invention !

— Oui, mon père, je veux me faire paresseux... comme Sidi Lakdar...

— Point du tout, mon garçon. Tu seras tourneur comme ton père, ou greffier au tribunal du Cadi comme ton oncle Ali, mais jamais je ne ferai de toi un paresseux... Allons, vite à l'école ; ou je te casse sur les côtes ce beau morceau de merisier tout neuf... Arri, bourricot !

En face du merisier, l'enfant n'insista pas et feignit d'être convaincu ; mais au lieu d'aller à l'école, il entra dans un bazar maure, se blottit à la devanture d'un marchand, entre deux piles de tapis de Smyrne, et resta là tout le jour, étendu sur le dos, contemplant les lanternes mauresques, les bourses de drap bleu, les corsages à plastron d'or qui luisaient au soleil, et respirant l'odeur pénétrante des flacons d'essence de rose et des bons burnous de laine chaude. Ce fut ainsi désormais qu'il passa tout le temps de l'école.

Au bout de quelques jours, le père eut vent de la chose : mais il eut beau crier, tempêter, blasphémer le nom d'Allah et frotter les reins du petit homme avec tous les merisiers de sa boutique, rien n'y fit.

L'enfant s'entêtait à dire :

— Je veux être paresseux… je veux être paresseux.

Et toujours on le trouvait étendu dans quelque coin. De guerre lasse, et après avoir consulté le greffier Ali, le père prit un parti.

— Écoute, dit-il à son fils, puisque tu veux être paresseux à toute force, je vais te conduire chez Lakdar. Il te passera un examen, et si tu as réellement des dispositions pour son métier, je le prierai de te garder chez lui, en apprentissage.

— Ceci me va, répondit l'enfant.

Et pas plus tard que le lendemain, ils s'en allèrent tous les deux parfumés de verveine et la tête rasée de frais, trouver le paresseux dans son petit jardin. La porte était toujours ouverte. Nos gens entrèrent sans frapper, mais comme l'herbe montait très touffue et très haute ils eurent quelque peine à découvrir le maître du clos. Ils finirent pourtant par apercevoir couché sous les figuiers du fond, dans un tourbillon de petits oiseaux et de plantes folles, un paquet de guenilles jaunes qui les accueillit d'un grognement.

— Le Seigneur soit avec toi, Sidi Lakdar, dit le père en s'inclinant, la main sur la poitrine. Voici mon fils qui veut absolument se faire paresseux. Je te l'amène pour que tu l'examines, et que tu voies s'il a la vocation. Dans ce cas, je te prierai de le prendre chez toi comme apprenti. Je paierai ce qu'il faudra. Sidi Lakdar leur fit signe de s'asseoir près de lui, dans l'herbe. Le père s'assit, l'enfant se coucha, ce qui était déjà un fort bon signe. Puis tous les trois se regardèrent sans parler.

C'était le plein midi du jour ; il faisait une chaleur, une lumière ! Tout le petit clos avait l'air de dormir. On n'entendait que le crépitement des genêts sauvages crevant leurs cosses au soleil, les sources chantant sous l'herbe et les oiseaux alourdis qui voletaient entre les feuilles avec un bruit d'éventail ouvert et refermé. De temps en temps, une figue trop mûre dégringolait de branche en branche. Alors, Sidi Lakdar d'un air fatigué, portait le fruit jusqu'à sa bouche. L'enfant, lui, ne prenait pas même cette peine.

Les plus belles figues tombaient à ses côtés sans qu'il tournât seulement la tête. Le maître, du coin de l'œil, observait cette magnifique indolence mais il continuait à ne souffler mot. Une heure, deux heures passèrent ainsi... Pensez que le pauvre tourneur de tuyaux de pipes commençait à trouver la séance un peu longue. Pourtant il n'osait rien dire, et demeurait là, immobile, les yeux fixes, les jambes croisées, envahi lui-même par l'atmosphère de paresse qui flottait dans la chaleur du clos. Tout à coup, voilà une grosse figue qui vient s'aplatir sur la joue de l'enfant. Belle figue, par Allah! Rose, sucrée, parfumée comme un rayon de miel. Pour la faire entrer dans sa bouche, l'enfant n'avait qu'à la pousser du doigt; mais il trouvait cela encore trop fatigant, et il restait là, avec ce fruit qui lui embaumait la joue. À la fin, la tentation devint trop forte; il cligna de l'œil vers son père et l'appela d'une voix indolente :

— Papa, dit-il, papa... mets-la moi dans la bouche...
À ces mots, Sidi Lakdar qui tenait une figue à la main la rejeta bien loin, et s'adressant au père avec colère :

— Et voilà l'enfant que tu viens m'offrir pour apprenti ! Mais c'est lui qui est mon maître ! C'est lui qui doit me donner des leçons !

Puis tombant à genoux, la tête contre terre, devant l'enfant toujours couché :

— Je te salue, dit-il, ô père de la paresse !

ALPHONSE DAUDET

BRAVE MARIN

Brave marin revient de guerre
Tout doux
Tant mal chaussé, tant mal vêtu
Pauvre marin d'où reviens-tu
Tout doux

Madame, je reviens de guerre
Tout doux
Qu'on apporte ici le vin blanc
Que le marin boit en passant
Tout doux

Brave marin se mit à boire
Tout doux
Se mit à boire et à chanter
La belle hôtesse de pleurer
Tout doux

Ah ! Dites-moi dame l'hôtesse
Tout doux
Regrettez-vous votre vin blanc
Que le marin boit en passant
Tout doux

C'est pas mon vin que je regrette
Tout doux
C'est la perte de mon mari
Monsieur, vous ressemblez à lui
Tout doux

Ah! Dites-moi, dame l'hôtesse
Tout doux
Vous aviez de lui deux enfants
En voilà quatre z'à présent
Tout doux

J'ai tant reçu de fausses lettres
Tout doux
Qu'il était mort et enterré
Et je me suis remariée
Tout doux

Brave marin vide son verre
Tout doux
Sans dire un mot tout en pleurant
S'en retourne à son bâtiment
Tout doux

CHANSON POPULAIRE FRANÇAISE

P é r i c l è s

Imagine un peu c'que ce serait si j'allais dire des vers avant un match de football l'arbitre sifflerait et je réciterais des poésies et tout le monde m'écouterait dans un silence re-li-gieux.

C't'impossible de faire ça maintenant, mais dans l'temps, en Grèce dans l'Antiquité, ça se faisait sais-tu dans l'temps, plus maintenant parce que maintenant, mon Dieu Seigneur, le monde a bien changé.

C'était au temps de Périclès, Périclès c'était un homme considérable, un homme d'une droiture, on n'en fait plus de pareil, c'était un homme d'avant-guerre. Maintenant le monde a bien changé ! Dans le temps, dans les stades, les athlètes couraient tout nus, maintenant ils doivent courir tout habillés avec un chiffre sur le dos, y s'rendent pas compte qu'y courent beaucoup moins vite et plus le chiffre est élevé plus c'est lourd : y'a plus d'bon sens, sais-tu, le monde a bien changé.

Note bien Périclès, c'était un brave type mais… y'avait quand même un défaut à sa cuirasse quand quelqu'un ne lui plaisait pas, il le condamnait d'ostracisme, ça veut dire qu'il le jetait à la porte du pays… ça par contre ça n'a pas changé.

Pindare, c'était un poète grec exceptionnellement doué, il s'était spécialisé dans des poèmes qu'on appelait des *péans* : les péans de Pindare faisaient fureur comme la techno aujoud'hui — vous ne pouviez pas entrer dans un bistrot sans entendre un juke-box vivant réciter des poèmes de Pindare —, eh bien c'garçon-là, c'était une vedette incroyable, pendant les jeux Olympiques y s'plantait là au beau milieu du stade, y récitait ses vers et tout le monde buvait du petit lait en l'écoutant — allez faire ça maintenant avec le temps tout s'en va.

Sacré Périclès il est toujours représenté avec un casque sur sa tiesse*, il a un nez tout ce qu'il y a de plus grec. Et dans ses yeux de pierre, parce que les photographies de c'temps-là étaient en pierre — les photographes ont bien changé —, et dans ses yeux de pierre on voit beaucoup d'aménité et de tendresse, on voit qu'il est resté *simpe*, qu'il est resté comme nous aut' malgré qu'il était chef de la Grèce, et puis pas rapiat** pour un sou, il n'était pas obligé d'aller manger chez les aut' par souci d'économie comme font certains chefs d'État de maintenant. *Maria todi esti possupe* (mon Dieu Seigneur est-il possible) *çou qu'ça stou* (ce que c'était) *çou qu'ça a sti* (ce que ça a été) et *çou qu'c'est co* (ce que c'est encore) *le monde a bien changé sais-tu.*

---

*   tête

**   radin

RAPE RAPE RAPE

Rape, rape, rape le parmesan
Parles-en autour de toi
Rape, rape, rape le Oka
Si t'en as le goût pourquoi pas
Rape rape rape le Chester
Ce n'est pas beaucoup plus cher
Rape, rape, rape le Roquefort
C'est encore beaucoup plus fort

Pimpanicaille
Roi des papillons
En s'faisant la barbe s'est coupé l'menton
Un, deux, trois de bois
Quatre, cinq, six de bise
Dix, onze, douze de bouse
Va-t-en à Toulouse

LE RAP DU
MISANTHROPE

PHILINTHE — Qu'est-ce donc qu'avez vous ?

ALCESTE — Laissez-moi je vous prie

P — Mais enfin dites-moi quelle bizarrerie

A — Laissez-moi là vous là, vous dis-je et courrez
vous cacher

P — Mais on entend les gens au moins sans se fâcher

A — Moi je veux me fâcher et ne veux point entendre

P — Dans vos brusques chagrins je ne puis vous
comprendre

Et quoi qu'ami enfin je suis tout des premiers

P — Moi votre ami rayez cela de vos papiers

J'ai fait jusques ici profession de l'être

Mais après ce qu'en vous je viens de voir
paraître

Je vous déclare net que je ne le suis plus

Et ne veux nulle place en des cœurs corrompus

P — Je suis donc bien coupable, Alceste, à votre
compte

A — Allez vous devriez mourir de pure honte

Une telle action ne saurait s'excuser

Et tout homme d'honneur s'en doit scandaliser
Je vous vois accabler un homme de caresses
Et témoigner pour lui les dernières tendresses
De protestations, d'offres et de serments
Vous chargez la fureur de vos embrassements
Et quand je vous demande après quel est cet homme
À peine pouvez-vous dire comme il se nomme
Votre chaleur pour lui tombe en vous séparant
Et vous me le traitez à moi d'indifférent
Morbleu! C'est une chose indigne, lâche, infâme
De s'abaisser ainsi jusqu'à trahir son âme
Et si par un malheur j'en avais fait autant
Je m'irais de regret pendre tout à l'instant.

D'APRÈS MOLIÈRE

S E S Y E U X

Ses yeux restaient devant les miens ils ne
voulaient pas s'en aller je leur disais : « Allez-vous-
en» et ils restaient là comme s'ils étaient plantés
alors je les ai chassés à coups de bâton, à coups de
pied, mais il suffisait de les chasser pour les voir
arriver au grand galop, pour les voir se replanter
devant mes propres yeux, devant mon propre nez.
Alors j'ai été chercher de l'ail, j'ai pelé des oignons
et je les ai fait pleurer, mais les yeux restaient, ils
avaient pris racine, ils ne voulaient pas s'en aller.
Alors comme je voyais bien que je ne pourrais pas
les chasser, je les ai laissés entrer chez moi, ils ont
mangé à ma table mon pain et ont partagé tout ce
que j'avais et surtout tout ce que je n'avais pas.
Alors ces yeux-là sont devenus les miens et les
miens sont devenus ceux-là...

J'ÉTAIS ALLÉ MENDIANT

J'étais allé mendiant de porte en porte sur le chemin du village lorsque ton chariot d'or apparut au loin pareil à un rêve splendide et j'admirais quel était ce roi de tous les rois. Mes espoirs s'exhaltèrent et je pensais : « C'en est fini des mauvais jours » et déjà je me tenais prêt dans l'attente d'aumônes spontanées et de richesses éparpillées partout dans la poussière. Ton chariot s'arrêta là où je me tenais et tu descendis avec un sourire. Je sentis que la chance de ma vie était enfin venue, soudain alors tu tendis ta main droite et dis : « Qu'as-tu à me donner ? » Ah ! Quel jeu royal était-ce cela que de tendre la main au mendiant pour mendier, j'étais confus et demeurai perplexe. Enfin de ma besace je tirai lentement un tout petit grain de blé et te le donnai. Mais combien fut grande ma surprise quand à la fin du jour vidant à terre mon sac je trouvai un tout petit grain d'or parmi le tas de pauvres grains ; je pleurai amèrement alors et pensai : « Que n'ai-je eu le cœur de te donner mon tout ».

RABINDRANÂTH TAGORE
L'OFFRANDE LYRIQUE
TRADUCTION ANDRÉ GIDE
ÉDITIONS GALLIMARD

JE FIS UN FEU

Je fis un feu,
L'azur m'ayant abandonné,
Un feu pour être son ami,
Un feu pour m'introduire
Dans la nuit de l'hiver.
Un feu pour vivre mieux.
Un feu pour vivre mieux.

Je lui donnai ce que le jour
M'avait donné,
Les forêts, les buissons,
Les champs de blé, les vignes,
Les nids et leurs oiseaux,
Les maisons et leurs clefs,
Les insectes, les fleurs,
Les fourrures, les fêtes.

Je vécus au seul bruit
Des flammes crépitantes,
Au seul parfum de leur chaleur.
J'étais comme un bateau

Coulant dans l'eau fermée,
Comme un mort je n'avais
Qu'un unique élément.

D'APRÈS PAUL ELUARD
EXTRAIT DE « *POUR VIVRE ICI* », RECUEILLI DANS *LE LIVRE OUVERT*
ÉDITIONS GALLIMARD

LA RÉVOLUTION PASSERA
PAR LE VÉLO

La révolution passera par le vélo
Camarade,
Ah la bicyclette !
Elle te permet d'aller
Cinq fois plus vite que le piéton,
Tu dépenses cinq fois moins d'énergie,
Tu vas cinq fois plus loin,
En vérité je te le dis camarade,
La révolution passera par le vélo.

C'coup-ci ça va daller,
Et vi monde va squetter,
Tertous tertous inchenne
No dallons l'fait petter.

(Cette fois-ci ça va aller,
Le Vieux Monde va casser,
Tout le monde, tout le monde ensemble
Nous allons le faire changer.)

L'AVION À PÉDALES

Le 12 juin septante neuf,
À bord d'un vélo volant neuf,
Un homme a traversé la Manche
Uniquement en pédalant,
J'vais mettre des ailes à mon vélo
Pour aller voir le monde d'en haut,
Le ciel quelle belle piste cyclable,
Y'a pas d'autos,
Y'a qu'des oiseaux,
Qui font : « Tchif tchaf tchipe tchipe toho ».

Madame Coutufon

Dit à madame Foncoutu

Combien y a-t-il de Foncoutu

À Coutufon?

Il y a autant de Foncoutu à Coutufon

Qu'il y a de Coutufons

À Foncoutu

VIRELANGUE POPULAIRE

Un vieux chasseur sobre

Un vieux chasseur sobre,
Plein de santé
Mais atteint de cécité,
Chaussé de souliers souillés
Sans cigare
Fut dans la nécessité de
Chasser seul dans ses champs
Sis en Sicile,
Un sinistre chat sauvage.
Il siffla ses chiens :
Châtain, Satin, Chauvin,
Et suivit son chemin ;
Sur son passage,
Six chastes chérubins siciliens
Sans chaussures, sans soucis,
Juchés sur six sièges
Chuchotèrent ceci :
« Salut sire chasseur,
Citoyen sage et plein d'âge,
Aux yeux chassieux au sang chaud,

Sois chanceux,

Sache en ce jour serein sans chagrin

Chasser, chose aisée,

Ce chat sauvage

Caché sous ces chiches souches

De sauges sèches. »

VIRELANGUE POPULAIRE

PAUVRE PETIT PAPA

Pauvre petit papa,
Parti pour Paris
Pour pêcher plusieurs petits poissons pourris
Passant par plusieurs petits ponts
Pour pêcher plusieurs petits poissons.

VIRELANGUE POPULAIRE

Dès le moment où nous sortons du ventre de notre mère
Nous devenons toutes et tous des émigrés

TON CHRIST EST JUIF

Ton Christ est juif
Ta voiture est japonaise
Ton couscous est algérien
Ta démocratie est grecque
Ton café est brésilien
Ton chianti est italien

Et tu reproches à ton voisin
D'être un étranger

Ta montre est suisse
Ta chemise est indienne
Ta radio est coréenne
Tes vacances sont tunisiennes
Tes chiffres sont arabes
Ton écriture est latine

Et tu reproches à ton voisin
D'être un étranger

Tes figues sont turques
Tes bananes viennent du Cameroun
Ton saumon vient de Norvège
Ton Tchantchès vient de Liège
Ulenspiegel vient de Damme
Du Zaïre vient ton tam-tam

Et tu reproches à ton voisin
D'être un étranger

Tes citrons viennent du Maroc
Tes litchis de Madagascar
Tes piments du Sénégal
Tes mangues viennent de Bangui
Tes noix d'coco d'Côte d'Ivoire
Tes ananas d'Californie

Et tu reproches à ton voisin
D'être un étranger

Ta vodka vient de Russie
Ta bière de Rhénanie
Tes oranges d'Australie

Tes dattes de Tunisie
Ton Gulf-Stream des Antilles
Tes pommes de Poméranie

Et tu reproches à ton voisin
D'être un étranger

Ton djembe vient de Douala
Ton gingembre vient d'Ouganda
Ton boubou vient d'Tombouctou
Tes avocats du Nigéria
Tes asperges viennent du Chili
Ton ginseng vient d'chez Li Peng

Et tu reproches à ton voisin
D'être un étranger

QUATORZE

Il y avait une fois une pauvre veuve qui n'avait qu'un enfant. Les écus ne lui faisaient pas la guerre, à la bonne femme. Elle ne vivait que de sa quenouille et de quelques quartonnées de terre ; de sorte qu'elle aurait pu faire comme tant d'autres, dans ces mauvais pays : placer l'enfant dans une métairie à garder les moutons. Quand on est chargé de famille et qu'on n'est pas chargé d'argent, on est bien forcé de louer ses petits. Mais elle, elle ne craignait pas l'ouvrage. Elle se dit qu'elle se lèverait un peu plus tôt, se coucherait un peu plus tard. Elle n'avait que ce petit garçon, elle ne voulait pas s'en séparer.

Il faut savoir aussi qu'elle avait pris conseil d'un certain voisin, qui demeurait comme elle dans ce pays de loups, au bout de la montagne. Un vieil oncle, panseur de bêtes, rebouteur et renoueur de membres, charmeur de sang et charmeur de feu. Si vous ne devez pas le répéter, un peu sorcier, pour tout dire. Du reste, en le disant, vous ne lui porteriez pas tort : il était vieux comme les chemins, et il est mort l'autre année, à travailler sur son carreau de dentellière, comme font les femmes de par là.

Il voulut donc qu'on gardât ce garçon à la maison, et il lui imposa le nom de Quatorze. Pourquoi, vous le verrez. Il l'enseigna, le gouverna, lui apprit enfin tout ce qu'il savait, et il en savait plus qu'il n'y en a dans les livres.

Quatorze n'alla pas aux écoles ; il n'eut pas seulement un camarade ; personne n'eut connaissance des leçons qui lui étaient faites, et lui tint tout à fait secret ce qu'il avait appris du vieux. Il demeura ainsi entre le bonhomme et sa mère jusqu'à ses dix-sept ans.

Le jour même où il les prit, sa mère lui dit : « C'est le moment, pauvre petit, l'heure est venue d'aller à maître. » Elle lui prépara ses hardes, dans un mouchoir noué des quatre coins, et il partit, son paquet sur le dos au bout d'un bâton. Il s'en alla devant lui, à l'aventure, vers ce pays où vont tous les chemins du monde. En allant, en allant, il arrive à la grand-route. Il regardait de droite, de gauche, ne sachant trop par où passer, quand il vit venir un gros monsieur, monté à l'avantage sur un gros cheval.

— Où vas-tu, mon garçon ? Que cherches-tu par là ?

— Monsieur, je cherche un maître. S'il se trouve que vous ayez besoin d'un serviteur, j'irai chez vous d'aussi bon cœur que chez un autre.

— Ma foi, je te prendrai peut-être pour l'année. Mais que prétends-tu gagner, mon garçon ?

— Monsieur, je n'aurai pas de grandes exigences. Je n'ai dix-sept ans que de ce matin. Je me contenterai des gerbes que je pourrai rapporter sur mon dos.

Le monsieur toise ce jeunet de poil blond, mince comme une demoiselle et n'approchant guère de ses drus, de ses carrés, qui sont taillés en force.

— En voilà un, pensa-t-il, qui ne sera pas de dépense. Même s'il plie sous les gerbes, il n'en emportera jamais un char. Je me suis bien levé, il faut croire, et, puisque je tombe sur une vraie chance, je ne vais pas la manquer.

— Eh bien, garçon ! C'est une affaire conclue. Je te gage pour une année, selon nos conventions. Vois-tu ce château au pied d'un bois de haute futaie, sur la montagne ? C'est le mien. Maintenant, je m'en vais en voyage, mais tu n'as qu'à t'y présenter de ma part. J'ai sept domaines, tout est à moi dans le pays. On te donnera du travail.

Du travail ? Bon ! Le travail, c'est ce qu'il lui faut. De son pas, Quatorze monte au château, parle au maître-valet, lui apprend que le maître l'a gagé pour l'année, et on le conduit à Madame.

Madame lui demande son nom, pince le nez à ce nom de Quatorze, veut savoir d'où il sort, quel âge il a, ce qu'il sait faire, trente-six choses.

— Prends une hache. Tu as vu notre bois, derrière notre château. Tu vas y monter, tu y couperas tout ce que tu pourras couper avant la soupe.

— Bien, Madame.

Quatorze prend le chemin du bois, la hache sur l'épaule. Au bout de deux, trois heures, midi arrive. On appelle Quatorze.

— Tu en as coupé un peu ? lui demande la dame.

— Madame, j'ai fini.

— Tu as fini, oui, puisque te voilà. Mais en as-tu coupé un peu ?

— Je vous dis que j'ai fini. Vous m'avez envoyé là-haut couper tout ce que je pourrais ; je suis vaillant : j'ai fini.

Madame l'envisage. Le garçon se riait d'elle, ou alors il avait la cervelle un peu dérangée. Finalement, par la basse-cour et une porte de derrière, elle va jeter un coup d'œil à la montagne.

Et c'était cela : rien de plus vrai, il avait abattu tout le bois. Il y en avait grand, il y en avait des arpents et des arpents de fayards ou de chênes. Un homme n'aurait pas fait le tour de cette futaie dans le temps que Quatorze avait mis à l'abattre. Il avait couché par terre tous ces gros arbres qui couvraient la montagne derrière le château.

Madame était si saisie, qu'elle ne reconnaissait plus l'endroit, mais saisie à en crier miséricorde. Bien ennuyée aussi, voyant sa futaie en jonchée sur la pente, et bien en peine de tout ce fagotage, maintenant.

— Misère de nous ! Comment faire pour aller seulement quérir tout ce bois ?

— En seriez-vous embarrassée, Madame ?

— Bien sûr, j'en suis embarrassée !

— Vous avez des chevaux ?

— Oui, nous en avons quatre.

— Voilà qui va. Je harnache et j'attelle. Avec quatre chevaux, j'amènerai le bois à moi tout seul.

Il fait comme il avait dit. Dans sa soirée, il a tout amené, des chars et des chars, des chars énormes, comme de la vie des vivants nul homme jamais n'en avait vu. Imaginez si tout roulait, si tout ronflait dans ces chemins. Sabots des chevaux et roues des chars, tous les ferrements tiraient des étincelles du rocher, comme quand le forgeron bat le fer rouge dans sa forge.

Le soir tombait. Quatorze avait presque fini, il amenait le dernier chargement. Mais avant la fin, rien de sûr. À mi-chemin, il lui arriva un malheur. Il lui fallut faire ce que le roi lui-même ne peut pas faire faire par un autre. Il passe derrière un buisson. Pendant ce temps, quatre gros loups surviennent, qui devaient loger dans le bois et qui n'étaient pas trop contents de voir leur chez eux sans dessus dessous. Ils se jettent sur les chevaux, chacun le sien, et en moins de rien les dévorent. Quatorze entend le sabbat. Il arrive, rattrape les quatre loups qui avaient préféré ne pas l'attendre, leur secoue les puces comme il le fallait, et enfin, avec ce qui restait des harnais, les attelle aussi bien qu'il peut.

Quand Madame, qui attendait au grand portail, vit arriver le dernier chargement, avec ces yeux de loups luisant comme des lanternes vertes, elle perdit toute couleur de vie.

— En seriez-vous embarrassée, madame ?

Si elle en était embarrassée, de cette cavalerie-là !

— Qu'à cela ne tienne, alors, je les lâche.

Quatorze déboucla les courroies. Il ne faut pas demander si les quatre messieurs prirent le grand galop ; et ils allèrent chercher un autre chez eux sur une autre montagne.

Oui, c'était sur ce pied que travaillait Quatorze.

Monsieur était revenu de son voyage, et Madame et lui ne savaient plus à quel saint se vouer. Ils s'enfermaient pour discuter durant des heures, disputer, lamenter, s'arracher les cheveux. Mais Quatorze était loué pour un an. Impossible de le renvoyer avant que son temps fût fini.

Enfin, Madame eut une idée, un soir.

— Invitons mon frère à venir, celui qui tire si bien au fusil : il emmènera Quatorze à la chasse et il lui fera prendre la place du gibier.

On mande par lettre les choses à ce frère. Il arrive, il dit qu'il veut aller à la chasse, mais n'a pas ses chiens courants, que ce garçon pourra bien rabattre les lièvres ; et il emmène Quatorze dans les garennes, sur ces petites montagnes de serpolet et d'herbe blanche.

— Il n'en coûtera que trois liards de poudre et autant de plomb, pensaient Madame et Monsieur.

Mais tout à coup, ils voient arriver Quatorze, portant sur son dos chasseur et fusil, carnassière et tout.

— Voilà votre frère. Un bel oiseau, ma foi ! Il me voulait tuer à la place du lièvre. Si je n'avais pas évité la décharge…

D'un tour d'épaules, il jette son paquet devant eux sur le pavé de la cour.

— En seriez-vous embarrassée, Madame ? Je vais le faire passer par-dessus la muraille.

Il aurait fait comme il le disait.

— Nous n'avons pas pu l'avoir par le feu ; tâchons de l'avoir par l'eau, a dit Monsieur à Madame, un autre soir.

Il avait un frère qui était meunier. Il a fait une lettre et il a envoyé Quatorze la porter au moulin. Le meunier lit la lettre, fait bien des caresses à Quatorze, puis dit qu'il veut lui faire visiter le moulin avant de le renvoyer au château. Il lui montre tout, et toujours des gracieusetés et des caresses, le promène partout ; enfin, en le faisant passer devant lui, il lui donne un croc-en-jambe pour le précipiter sous la grande roue, dans le tourbillon d'eau de la chute.

Mais Quatorze l'attrape, attrape son moulin, en fait un peu la salade, et rapporte le tout à ses maîtres.

— En seriez-vous embarrassés, Monsieur, Madame ? Je vais tout faire passer par-dessus la montagne.

Quel garçon ! Et que faire d'un dévorant pareil ? Comment se débarrasser de ce terrible ?

Monsieur vint à apprendre que dans un endroit qu'on disait, il allait se livrer une grande bataille.

— Qu'il prenne l'âne ; je prendrai le cheval, et nous irons.

Tout de suite, il fait savoir par dépêche qu'il amène un gamin pour qu'on le tue.

Les voilà en campagne. Monsieur n'avait rien donné à Quatorze : ni fusil, ni pistolet, pas même une pétoire de sureau. Ses doigts, rien d'autre. On lui avait dit d'enfourcher l'âne et de suivre. Monsieur allait devant, sur un gros cheval, qui marchait bon train, et il ne regardait pas derrière lui. L'âne, dodelinant de la tête, marchait d'un tout petit train ; par moments même, il entendait ne plus marcher du tout. La route poudroyait ; Quatorze avait soif pour tant de poussière ; et quand il vit un poirier chargé de poires, il désira en faire tomber quelqu'une. Ma foi, il prit son âne comme il aurait pris un morceau de bois, et il l'envoya à travers le poirier. Du coup toutes les poires tombèrent, les mûres, les moins mûres. Quatorze n'y regardait pas de si près : il gobe tout d'une bouchée, s'essuie la bouche, veut remonter sur l'âne. Seulement l'âne était mort, l'âne était assommé, les oreilles pendantes. Quatorze le ramasse, le charge sur son dos, à la chèvre morte, et avance le pas pour rattraper son maître. Au premier tournant, il le rejoint. Monsieur en savait assez, après ce qu'il avait vu de lui, pour ne plus poser de questions.

Ils arrivent au lieu où devait se donner la bataille. Du haut de la colline on voyait tout ce peuple : des régiments d'hommes et des régiments de chevaux. Il y en avait, il y en avait ! Des milliers et des milliers, par toute la bosse du terrain, montées et plaines, et ces régiments rangés comme des carrés de blé et des carrés d'avoine sur les hauts ou dans les fonds, à perte de vue. Tout était prêt. Pour commencer la grande danse, on n'attendait plus qu'eux.

— Tu vois, dit Monsieur à Quatorze, il faut combattre et tuer ce monde.

Les canons se mettent à ronfler, les tambours à battre : un tel vacarme que, quand tous les tonnerres auraient roulé d'un bout du ciel à l'autre, on ne les eût seulement pas entendus. Et des fusillades, et des galopades. Et des bramées de cris tout à la fois dans une confusion de grandes fumées, enfin pis qu'à la fin des temps. Quatorze empoigne son âne par la queue, comme il aurait fait d'un mouchoir lesté d'une pierre, et il a fait le tour du pays en tapant de tout son cœur sur tout ce qu'il a trouvé devant lui. Oh, Alors ! quelle diablerie ! La terre en tremblait, coteaux et vallons.

Tous ces hommes qu'on avait mis là pour lui ôter la vie, lui, il les a balayés, couchés sur le carreau, déplantés de ce monde.

Ils s'en revinrent, Monsieur si abattu sur son cheval qu'il semblait porter le diable en terre.

— Eh bien! Monsieur, n'êtes-vous pas bien aise? N'avons-nous pas gagné cette bataille?

Monsieur et Madame pensaient en perdre la tête. Ils se consultaient à longueur de journée sans trouver aucun moyen de se débarrasser de Quatorze.

— Sais-tu, dit Madame, puisqu'il est pis qu'un diable, il faut lui commander d'aller chercher le grand diable d'enfer. Cette fois, il n'en reviendra peut-être pas.

Quatorze n'a pas refusé ce travail-là non plus.

— Seulement je n'irai pas avec mes doigts comme à la bataille. Il me faut les tenailles de cinq quintaux, et le marteau de sept.

Ainsi muni, il est parti pour le pays des diables. Les chemins, il les savait; mais par où il est passé, personne ne pourrait le dire. S'il y a eu des portes à enfoncer, des coups de fourches à recevoir, des gardiens à mettre à la raison, ce n'est pas ce qui a embarrassé Quatorze. Voit-on pourquoi le vieux lui avait fait porter ce nom, Quatorze? Il était autrement plus fort que quatorze hommes nés de mère : on eût aussi bien pu le nommer Quatre Cents.

Tout en grondait, sous terre, pendant ce voyage. Le pays chauffait et dansait sous les pieds comme un couvercle quand le pot bout.

À la fin des fins, il paraît que Quatorze est arrivé dans une caverne noire comme le péché mortel, toute craquelée à cent crevasses qui lançaient des flammes. Il tombe parmi des diables de vingt sortes, cornus, fourchus, poilus, pointus, et décidés à les lui faire toutes voir. Sachez seulement que Quatorze s'en est débarrassé autant qu'il le fallait. Il est allé au plus gros, qui montrait les dents dans le coin le plus affreux.

C'était celui-là qu'il voulait prendre. Il avait les tenailles de cinq quintaux pour le tenir par le nez et le marteau de sept quintaux pour lui taper dessus. Lorsqu'il lui eut suffisamment tanné le cuir, il l'empoigna et, ce diable énorme, il le leva sur son dos aussi aisément qu'une mouche. Quatorze lui-même ne connaissait pas sa force.

Il eut pourtant du malheur en route, cette fois-là encore. Après pareil travail, quelle est la personne qui ne voudrait pas souffler un peu ? Quatorze n'était pas fatigué, non ; mais il s'est assis contre un arbre, au bord du chemin. Et comme le gros diable paraissait endormi, ou étourdi, il l'a déchargé à côté de lui dans l'herbe verte ; doucement, aussi doucement qu'il a pu, ainsi qu'un nourrisson qu'on craint de faire partir en cris et en pleurs.

L'autre, le pauvre rat, s'est bien gardé de souffler seulement. Mais quand il a vu que le sommeil attrapait Quatorze, et que Quatorze donquait – donquer, c'est laisser tomber sa tête – à la façon du sonneur qui se pend à la cloche, il s'est levé en pied sans faire plus de bruit que la souris, et a filé comme elle aurait fait le long d'une muraille.

Quatorze se réveille : plus de diable ! Il lui a fallu retourner d'où il venait. Croyez qu'il a fait les choses grandement. Après cela, quand il aurait posé le diable auprès d'un arbre pour aller boire un coup, il l'aurait retrouvé au retour, tant il lui avait fait passer l'envie de fausser compagnie aux personnes. Mais il ne l'a pas lâché et, fatigué ou non, il ne s'est pas assis en chemin. Il le tenait par les tenailles, et il l'a amené ainsi à Monsieur et à Madame, qui ont pensé mourir de frayeur.

– En êtes-vous embarrassés ? Qu'à cela ne tienne, je le lâche.

Il le lâche, comme il avait fait des loups. En plus vite encore que les loups, le diable regagna son chez-soi. Cependant, besogne sur besogne, épreuve sur épreuve, cela avait fait passer les jours, et l'année touchait à sa fin. L'heure était venue de payer Quatorze. Il fallut lui fournir autant de gerbes qu'il pouvait en emporter sur son dos. Les gerbes des sept domaines y passèrent. Et il en aurait pris encore.

Enfin, il voulut bien s'en contenter. Et sa pauvre mère, elle, eut un tel bonheur quand elle le vit revenir avec cette charge ! Elle était un peu dans l'âge, déjà : avec ces gerbes, elle eut du blé pour tout le restant de sa vie.

HENRI POURRAT
EXTRAIT DE *LE TRÉSOR DES CONTES*
ÉDITIONS GALLIMARD

ELLE EST VENUE
VERS LE PALAIS

Elle est venue vers le palais,
Le soleil se levait à peine.
Elle est venue vers le palais,
Les chevaliers se regardaient,
Toutes les femmes se taisaient,
Elle s'arrêta.

Elle s'arrêta devant la porte,
Le soleil se levait à peine.
Elle s'arrêta devant la porte,
On entendit marcher la reine,
Et son époux l'interrogeait.

« Où allez-vous, où allez-vous,
Prenez garde on y voit à peine,
Où allez-vous, où allez-vous,
Quelqu'un vous attend-il là-bas ? »
Mais elle ne répondait pas.

Elle descendit vers l'inconnue,
Le soleil se levait à peine.
Elle descendit vers l'inconnue,
L'inconnue embrassa la reine,
Elles ne dirent pas un mot
Et s'éloignèrent aussitôt.

Son époux pleurait sur le seuil :
« Prenez garde on y voit à peine ».
Son époux pleurait sur le seuil,
On entendait marcher la reine,
On entendait tomber les feuilles.

MAURICE MAETERLINCK
EXTRAIT DE *ELLE EST VENUE VERS LE PALAIS*
ÉDITIONS LA RENAISSANCE DU LIVRE

LE PROFESSEUR
ET LE SAGE

Un professeur éminent de philosophie vient rendre visite à un sage tout en haut de la montagne et dès qu'il le voit, à peine lui a-t-il dit bonjour qu'il lui parle à n'en plus finir du bien du mal, de la vie, de la mort, des alentours de Dieu, de l'enfer, du purgatoire, des anges déchus, des angelesses, des engelures, des angelots, du nirvana, de Mahomet et de Bouddha. Il y a deux tasses sur la table et le sage tout en l'écoutant sert le thé mais la tasse du philosophe déborde et le sage n'arrête pas pour autant de verser. Voyant cela le professeur éminent arrête son discours et lui dit avec un léger agacement :

— Mais vous ne voyez donc pas que la tasse déborde ?

— Elle est comme vous, dit le sage, elle est tellement pleine qu'on ne peut rien y ajouter, vous êtes tellement rempli que vous ne pouvez plus écouter.

D'APRÈS UN CONTE ZEN

LE SWAMI
ET SES TROIS DISCIPLES

L'histoire se passe dans le nord de l'Inde.

Un swami, un maître, se promène avec ses trois disciples dans les jardins somptueux de l'ashram de la communauté. Ils écoutent les oiseaux des Indes qui chantent dans les arbres des Indes et ils entendent dans le lointain le chœur des disciples qui répète inlassablement le *aum* traditionnel et pacificateur : « Aum… Aum… »

Le swami, le maître, se promène avec ses trois disciples dans le jardin somptueux de l'ashram de la communauté. Ils regardent pousser les pissenlits, ils regardent pousser les radis, ils regardent pousser les salsifis, ils regardent les poires *conférence* qui poussent sur les poiriers *conférence* et les pommes *golden delicious* qui poussent sur les pommiers *golden delicious* et par terre les pommes de terre, les frites sauvages, et tout à coup ils s'arrêtent devant un carré de salade et qu'est-ce qu'ils voient : une limace vorace en train de dévorer une belle feuille de salade. Ce que voyant, le premier disciple n'écoutant que son courage et avec la plante de son pied écrase la limace.

Le deuxième disciple se tourne alors vers le maître et lui dit dans une violente colère : «Maître regardez ce qu'il vient de faire, il vient d'écraser une créature de Dieu, n'est-ce pas un crime? N'est-ce pas un péché?» Et le maître lui répond : «Tu as raison mon fils. »

Mais le premier disciple se défend, il dit : «Mais enfin, maître, si j'ai écrasé cette limace, ce gastéropode non encoquillé, si je l'ai envoyé au gluant paradis limacier, c'est qu'il était en train de manger notre dîner, n'ai-je pas bien fait? N'ai-je pas eu raison?» Et le maître lui répond : «Tu as eu raison mon fils. »

Le troisième disciple, qui jusque-là n'avait rien dit, se tourne alors vers le maître et lui dit : «Mais enfin maître, ils disent tous les deux quelque chose de contradictoire, ils ne peuvent pas avoir tous les deux raison, ai-je raison?» Et le maître lui répond : «Tu as raison mon fils. »

LA PENSÉE

La pensée est le véhicule le plus rapide qui soit au monde, les avions de chasse sont des escargots à côté de ce bolide plus que supersonique qu'est la pensée. Nous pouvons devenir des émetteurs puissants de pensées positives, nous sommes toutes et tous des radios libres absolument incontrôlables par l'État, nous pouvons émettre dans le monde entier et même au-delà.

LE VOYAGEUR
DU NON-TEMPS

Un homme veut partir pour le non-temps ou le oui-éternité, assez de courir après le temps, de gagner du temps, de perdre son temps. Mais il n'y a pas d'agence de voyages pour le non-temps. L'homme interroge les savants, les illuminés, les visionnaires : «Où est la porte du temps?» Personne ne sait : le temps est cette immense étendue de sable, ce désert; le candidat voyageur du non-temps prend dans ses mains du sable et le fait couler entre ses doigts sans pouvoir en saisir la totalité; dans sa main des milliards de grains coulent et dérivent et s'envolent au vent. Le saisisseur de temps peut-il prendre le temps par surprise, arrêter la muette horloge de l'univers hors univers? Parti à la recherche de la porte du temps, il la trouve une après-midi par hasard au milieu d'un champ. Quoi de plus normal pour une porte?

Il la reconnaît parce qu'il est écrit dessus : *Porte du temps*. Tout simplement. À n'en pas croire ses yeux. Il frappe : le temps lui ouvre ou plutôt entrebaille la porte. Mais le temps, contrairement à ce que l'on croit, n'est pas tout seul, ils sont trois : le temps digital, qui parle d'une façon saccadée parce qu'il a l'habitude d'épépiller les secondes, les minutes et les heures ; à côté de lui son père, le temps cadran, qui a une manie. Il répète à chaque demi-heure : « Big ben, big ben ». À côté du temps cadran se trouve le temps solaire, son père, qui est très vieux, qui a une barbe de quelques kilomètres de long et qui, lui, ne dit rien car il en sait trop. Le temps dit à l'homme : « Si tu veux rentrer dans le non-temps ou le oui-éternité — et l'éternité c'est long surtout vers la fin*—, il te faudra nous donner la montre digitale *Citizen* que tu as au poignet et la montre cadran que tu as dans ton gilet. » L'homme donne ses deux montres et la porte du temps jusque-là entrebâillée s'ouvre toute grande. L'homme hésite puis il s'enfonce dans le non-temps ; il entend autour de lui des voix qui disent : « Il est mort, il est mort… » Seuls des enfants le voient se relever et marcher dans un long couloir, on ne peut pas dire combien de temps car il n'y a plus de temps et l'explorateur chavire de l'autre côté de la durée ; il voit tout au bord du chemin des phrases comme : *Le temps me dure, Je n'ai pas le temps, J'ai tout mon temps*. Des phrases qui agonisent exsangues avant de devenir lettres mortes. Alors un sentiment de plénitude envahit le voyageur. Il sait que même la notion de voyageur n'existe plus puisque l'immense moteur est arrêté et que l'arrêt est complet et infiniment peu facultatif. Il n'a plus le choix de rester dans la durée ou de s'en abstraire. Il a fait mouvement pour déboucher dans le non-mouvement ; il a marché pour être transformé en statue, pour n'être qu'une photographie que les familiers de la durée montrent en disant : « Vous vous souvenez, il cherchait la porte du temps ».

* **Woody Allen**

CHANSON DE LA FILEUSE

Une femme est au bord de la mer, elle est en train de filer, elle regarde le mur blanc de sa maison et au pied du mur il y a un trou, alors elle parle au mur, elle lui demande de lui filer un fil :

> Ô mur, file-moi un fil !
> Le mur dit : « Quelle est ma force,
> Quelles sont mes forces
> Puisque le rat me perce ?
> Quelle est ma force,
> Quelles sont mes forces
> Puisque le rat me perce ? »
>
> Rat, file-moi un fil !
> « Quelle est ma force,
> Quelles sont mes forces
> Puisque le chat me mange ? »
>
> Chat, file-moi un fil !
> « Quelle est ma force,
> Quelles sont mes forces
> Puisque le chien m'effraie ? »

Chien, file-moi un fil !
« Quelle est ma force,
Quelles sont mes forces
Puisque le pieu me tient esclave ? »

Pieu, file-moi un fil !
« Quelle est ma force,
Quelles sont mes forces
Puisque le feu me consume ? »

Feu, file-moi un fil !
« Quelle est ma force,
Quelles sont mes forces
Puisque l'eau m'éteint ? »

Eau, file-moi un fil !
« Quelle est ma force,
Quelles sont mes forces
Puisque le taureau me boit ? »

Taureau, file-moi un fil !
« Quelle est ma force,
Quelles sont mes forces
Puisque le couteau m'égorge ? »

Couteau, file-moi un fil !
« Quelle est ma force,
Quelles sont mes forces
Puisque le forgeron m'affile ? »

Forgeron, file-moi un fil !
« Quelle est ma force,
Quelles sont mes forces
Puisque la mort m'emporte ? »

D'APRÈS UN CONTE POPULAIRE TUNISIEN

LE RASOIR GYROSCOPIQUE

Le rasoir gyroscopique
Est une invention très pratique
Qu'on peut employer tout partout
Dans le désert et tout au bout
Il marche sans électricité
Il faut pas d'piles suffit d'tirer
Sur une ficelle pour lancer
Le moteur et puis se raser
C'est quinze mille tours à la minute
Que le gyroscope exécute
Si tu veux l'bouger dans ta main
Tu sens une force qui le retient
Si tu l'déposes à un endroit
Il tourne comme une toupie en bois

Mais si tu appuies sur le frein
Il s'arrête net, vite et bien.

COMPTINE

S U R   L E   B O R D
D U   M O N D E

Sur le bord du monde y a des enfants qui marchent
Ils sont fragiles et doux comme des brebis
Que le loup va dévorer et puis voilà que
Viennent des troupeaux d'endoctrineurs
De détourneurs d'abuseurs de dévieurs et
L'enfant n'aspire plus à être lui-même
Et l'enfance se perd et se noie dans la mer
Sur le bord du monde marchent des enfants
Il ne faut presque rien pour qu'ils tombent dans
   l'abîme
Précipités hors d'eux-mêmes.

C'EST LE PREMIER JOUR

C'est le premier jour de son grand voyage
Elle ouvre les yeux dans l'autre univers
Elle a fait le tour de tous nos mirages
Elle voit bien mieux le monde à l'envers
Elle a perdu corps, c'est pour prendre espace
Elle a trouvé mort, mais vit Dieu sait où
Adieu faux décors, l'esprit cherche place
Dans le désaccord de ce qui fut nous.

LILIANE WOUTERS
EXTRAIT DE *OSCARINE ET LES TOURNESOLS*

JE SUIS L'HOMME

Je suis l'homme, je suis l'enfant, je suis la femme noire, la femme jaune, l'homme noir, l'homme jaune, l'homme blanc, je suis l'oiseau et le poisson et la tortue et le cheval qui court. Je suis l'herbe et l'arbre. Je suis la mer et la montagne. Si je fais du mal à une partie de moi, à l'enfant qui est en moi, à la femme qui est en moi, de n'importe quel pays, de n'importe quelle couleur, je me fais du mal à moi-même. Aussi ai-je souvent mal à toutes ces parties de moi mutilées, torturées, affamées, en quelque lieu du monde.

Le jour approche où je serai entière et entier, où j'aurai assumé ma féminitude, ma mâlitude, ma négritude, ma jaunitude.

LORSQUE NOUS ÉTIONS RÉUNIS À TABLE

Lorsque nous étions réunis à table et que la soupière fumait maman disait parfois : «Cessez un instant de boire et de parler.» Nous obéissions.

«Regardez-vous», disait-elle doucement.

Nous nous regardions sans comprendre, amusés.

«C'est pour faire penser au bonheur», ajoutait-elle.

Nous n'avions plus envie de rire.

«Une maison chaude, du pain sur la nappe, des coudes qui se touchent, voilà le bonheur», répétait-elle à table ; puis le repas reprenait tranquillement, nous pensions au bonheur qui sortait des plats fumants et qui nous attendait dehors au soleil et nous étions heureux.

Papa tournait la tête comme nous pour voir le bonheur jusque dans le fond du corridor, en riant parce qu'il se sentait visé, il disait à ma mère : «Pourquoi tu nous y fais penser à c'bonheur?» Elle répondait : «Pour qu'il reste avec nous le plus longtemps possible».

FÉLIX LECLERC
EXTRAIT DE *PIEDS NUS DANS L'AUBE*
ÉDITIONS FIDES

JOIE DE VIVRE

Dès le matin, par mes grand-routes coutumières
Qui traversent champs et vergers,
Je suis parti clair et léger,
Le corps enveloppé de vent et de lumière.

Je vais, je ne sais où. Je vais, je suis heureux
C'est fête et joie en ma poitrine,
Que m'importent droits et doctrines,
Le caillou sonne et luit, sous mes talons poudreux.

Les bras fluides et doux des rivières m'accueillent
Je me repose et je repars
Avec mon guide : le hasard,
Par les sentiers, sous-bois dont je mâche les feuilles.

J'aime mes yeux, mes bras, mes mains, ma chair, mon torse
Et mes cheveux amples et blonds
Et je voudrais par mes poumons
Boire l'espace entier pour en gonfler ma force.

ÉMILE VERHAEREN

LE VOYAGEUR

Le voyageur est coiffé de lune et habillé d'étoiles. Il n'a pas ici-bas de cité permanente, nomade, gitan, bohémien, baraqui* de l'existence, il vogue entre les deux eaux des rencontres, il remonte le cours des ans dans le kaléidoscope des visages, il attrape au passage un regard qu'il garde comme un trésor. Le voyageur est sans bagage, un soir ici, un jour là-bas, il n'a pas le temps d'attacher un arbre à son service mais toutes les forêts sont à lui. Le voyageur va plus profond comme un laboureur tourne en rond sur une terre un peu trop dure. Il s'enracine dans le vent comme ceux qui font des courses et mangent l'air avec leurs dents. Le voyageur est dans l'espace un grain de sable qui se déplace et qui connaît avec la nuit la patience des galaxies, le voyageur vous dit : «Bonsoir» et tout à l'heure déjà repart.

* **bohémien, en wallon**

ARRÊT FACULTATIF

Le 9 du 9 99 à 9 h 9, Julos Beaucarne donnait un concert exceptionnel pour l'ouverture de l'an 2000, dans le cadre prestigieux de la Ferme de Wahenge à Beauvechain en Belgique. Le site du spectacle en plein air était ceinturé de 36 pagodes post-industrielles érigées par l'artiste — ces empilements de tourets qu'il affectionne — en rappel du site mégalithique de Stonehenge près de Salisbury en Grande- Bretagne.

Au programme, son récital *20 ans depuis 40 ans.* Accompagné par ses quatre musiciens, Ariane de Bièvre, Barbara d'Alcantara, Patrick De Schuyter et Jean-Luc Manderlier, Julos s'était assuré de la participation exceptionnelle d'Anne-Catherine Goffin, poétesse de la langue des signes, de Kaoru Miura, traductrice et interprète des chansons de Julos en japonais, d'Anita Mukerabirori, Burundaise qui traduit Julos en kirundi et de Willem Vermandere, le poète flamand, qui y chanta sa célèbre chanson «Bange Blanke Man», ainsi que de quelques autres surprises dont il a le secret.

L E   S P E C T A C L E

L'assurance-vie
(Julos Beaucarne)

Arrêt facultatif
(Julos Beaucarne)

Je n'aurai pas le temps de lire tous les poèmes
(Julos Beaucarne, CD *Chanteur du silence*)

Les choses que j'ai à dire
(texte et musique Julos Beaucarne, CD *20 ans depuis 40 ans*)

Peut-on peindre la mer en son entier
(Julos Beaucarne, CD *Tours, temples et pagodes*)

Je t'offre un verre d'eau glacée
**(texte Odilon-Jean Périer, musique Julos Beaucarne,
CD *Mon terroir c'est les galaxies*)**

La figue et le paresseux
(Texte Alphonse Daudet, CD *Contes, comptines et ballades*)

Brave marin
(chanson populaire française)

Périclès
(Julos Beaucarne, CD *Les communiqués colombophiles*)

Rape rape rape
(comptine populaire aménagée par Julos Beaucarne)

Pimpanicaille
(comptine populaire aménagée par Julos Beaucarne)

Le rap du Misanthrope
(d'après Molière)

Ses yeux
(Julos Beaucarne, CD *Julos chante Julos*)

J'étais allé mendiant
(Rabindranâth Tagore)

Je fis un feu
(texte Paul Eluard, musique Julos Beaucarne, CD *Chandeleur 75*)

La révolution passera par le vélo
(Julos Beaucarne, CD *Le vélo volant*)

L'avion à pédales
(Julos Beaucarne, CD *Contes, comptines et ballades*)

Madame Coutufon
(virelangue populaire, CD *Julos chante pour les petits et les grands*)

Vieux chasseur sobre
(Julos Beaucarne, CD *Contes, comptines et ballades*)

Pauvre petit papa
(comptine populaire, CD *Contes, comptines et ballades*)

Ton Christ est juif
(Julos Beaucarne, CD *20 ans depuis 40 ans*)

Quatorze
(conte d'Henri Pourrat, CD *Julos chante pour les petits et les grands*)

Elle est venue vers le palais
**(texte Maurice Maeterlinck, musique Julos Beaucarne,
CD *Le chanteur du Silence*)**

Le professeur et le sage
(Julos Beaucarne, CD *Tours, temples et pagodes*)

Le swami et ses trois disciples
(Julos Beaucarne, CD *L'hélioplane*)

La pensée
(Julos Beaucarne, CD *L'ère vidéo-chrétienne*)

Le voyageur du non-temps
(Julos Beaucarne, CD 9-9-99)

Chanson de la Fileuse
(conte populaire tunisien, CD *L'ère vidéo-chrétienne*)

Le rasoir gyroscopique
(Julos Beaucarne, extrait du livre *Virelangue* paru chez Actes Sud)

Sur le bord du monde
(Julos Beaucarne, CD *20 ans depuis 40 ans*)

C'est le premier jour
(texte Liliane Wouters, musique Julos Beaucarne, CD *Chandeleur 75*)

Je suis l'homme
(Julos Beaucarne, CD *L'hélioplane*)

Lorsque nous étions réunis à table
(texte Félix Leclerc, CD *Les communiqués colombophiles*)

Joie de vivre
(Émile Verhaeren, CD *L'avenir change de berceau*)

Le voyageur
(Julos Beaucarne, CD *Arrêt facultatif*)

L'AGENDA DE JULOS

1936   Naissance de Julos Beaucarne à Bruxelles le 27 juin.

1961   Suite à une panne de voiture, Julos chante sur les places de Provence pour payer la réparation.

1961-65 Musiques de scène et comédien pour divers théâtres belges (Alliance – Rideau de Bruxelles).

1966   La Vieille grille à Paris.

1967   Prix des Rencontres poétiques du Mont-St-Michel.

1968   Julos chante à Londres.

1974   Théâtre Mouffetard à Paris.

1975   Loulou, compagne de tendresse de Julos est assassinée. Ils ont eu deux enfants Christophe et Boris.

             La Cour des miracles et la Péniche à Paris.

             Prix des Critiques de variétés de France et de Belgique.

1976   Prix de l'Académie Charles Cros pour l'ensemble de l'œuvre discographique.

             Prix Loisirs jeunes pour l'album *Julos chante pour les petits et les grands*.

             Prix chanson de la Sabam.

1977   Théâtre de la Ville à Paris.

1978-80	Julos dirige avec Jacques Bourton l'émission de télévision *De bric et de broc* à la RTBF.
1979	Tournée au Québec et à Vancouver.
	Théâtre de la Gaîté à Montparnasse à Paris.
1980	Bobino à Paris.
1981	Hexagone de bronze au Midem à Cannes.
	Réalisation d'un film sur le Japon avec Manu Bonmariage.
1982	Printemps de Bourges avec Gilles Vigneault.
1983	Tournée au Mexique.
1984	Mégaconcert avec Raoûl Duguay au Vieux port de Québec.
	Prix de la Rose d'or des Rosatis à Arras.
1985	Citoyen d'honneur de la ville de Landerneau.
	Festival des Arts du récit à Montpellier.
	Lancement du Front de libération de l'oreille.
1986	Inauguration de la première centrale électrique musculaire à Liège : 105 spectateurs pédalent pour alimenter en électricité les projecteurs du spectacle.
	Tournées en Chine, au Zaïre, au Burundi, au Rwanda.
1987	TLP Dejazet à Paris.
	Prix de la Pensée wallonne à Mons.
	Citoyen d'honneur de la ville de Cambrai.
	Tournée au Maroc.
1988	Olympia à Paris.
1989	Choralies de Vaison-la-Romaine.

1990   Prix du texte de la bande dessinée pour *L'appel de madame la baronne*.

1991   Casino de Paris.

Tournée en Algérie.

Deuxième centrale électrique musculaire pour le départ du Tour de France à Villeurbanne.

Première exposition des *Objets détournés* à Balâtre.

1992   Émissions télévisées sur les traditions wallonnes pour Espace francophone.

Spectacle *Au fil de la tendresse* avec Jacques Salomé au Palais des Beaux-Arts de Bruxelles.

Exposition des *Objets détournés* à la Spa Art Gallery.

Tournée en Inde.

1993   Julos érige 9 pagodes post-industrielles au Plan incliné de Rouquières.

À la demande de la reine Fabiola, Julos participe aux funérailles du roi Baudouin 1er en chantant *Donne-moi la main* et *C'est le premier jour* à la Cathédrale St-Michel.

Spectacle *Tours, temples et pagodes post-industriels*.

Julos crée avec Jean-Claude Casadesus *Le sentier du siècle* à l'occasion de l'inauguration officielle du tunnel sous la Manche.

Personnalité 94 du Club Richelieu Belgique-Luxembourg.

En juillet, Julos érige 9 pagodes post-industrielles dans les jardins du Palais abbatial de St-Hubert, Belgique.

1995   Julos reçoit la Colombe de cristal de Grand messager du cœur.

Tournée au Québec.

Théâtre l'Européen à Paris.

Dix représentations de *L'avenir change de berceau* dans le cadre des XXXèmes Fêtes de la St-Martin à Tourinnes-la-Grosse et érection de 9 pagodes post-industrielles.

1996   Spectacle *À la liberté de l'amour* avec Guy Corneau à l'Auditorium 44 à Bruxelles.

Spectacle *Le navigateur solitaire sur la mer des mots* à l'occasion du XXVème anniversaire du Théâtre de la vie à Bruxelles, mis en scène par Herbert Rolland avec des éclairages de J.L. Vanagt.

1997   Début de la Tournée planétaire du 26ème album *20 ans depuis 40 ans.* Arabie Saoudite.

Tournée du spectacle *Le navigateur solitaire sur la mer des mots* au Québec et à l'Atelier théâtral de Louvain-la-Neuve.

1999   Théâtre de la Vie. *Le 9-9-99 à 9 h 9,* grand spectacle au milieu de 36 pagodes post-industrielles érigées par Julos pour la circonstance.

1999   *Le 9-9-2000,* nouveau spectacle en wallon *Co n'Rawète,* à Treignes.

DISCOGRAPHIE

45 tours

1964   *Une poire pour la mort*

1965   *Le sort d'ici-bas*

1966   *Le petit royaume*

1967   *Julos chante Max Elskamp*

          Julos chante Écaussinnes

1973   *Brassens et Vigneault adaptés en wallon*

Albums

1967   *Julos chante Julos*

1968   *L'enfant qui veut vider la mer*

1969   *Julos chante pour vous*

1971   *Premières chansons*

1972   *Arrêt facultatif*

1974   *Front de libération des arbres fruitiers*

1975   *Chandeleur 75*

1976   *Les communiqués colombophiles*

          Julos chante pour les petits et les grands

1977   *Julos au Théâtre de la ville*

1978   *Mon terroir c'est les galaxies*

1979   *Le vélo volant*

1980   *Le chanteur du silence*

1981   *La p'tite gayolle*

1981   *L'univers musical (1)*

1982   *L'hélioplane*
1984   *L'avenir a changé de berceau*
1986   *L'ère vidéo-chrétienne*
         Contes, comptines et ballades
1987   *J'ai vingt ans de chansons*
1988   *Bornes acoustiques*
1989   *Intégrale CD 67-87 avec un inédit*
         L'univers musical (2)
1990   *9/9/99, monde neuf*
1991   *Julos au Casino de Paris*
1993   *Tours, temples et pagodes post-industriels*
1994   *Regard sur le rétroviseur* (CD 4 titres)
1997   *Vingt ans depuis quarante ans*
1998   *Le navigateur solitaire sur la mer des mots*, enregistré à
         Montréal à la Maison de la Culture Petite patrie
2000   *Co n'Rawète*, CD en wallon

MEMBRE DU GROUPE SCABRINI

Québec, Canada
2000